AF243526

LETTRE

A MESSIEURS

BENJAMIN CONSTANT ET MANUEL,

MEMBRES DE LA CHAMBRE DES DÉPUTÉS,

EN RÉPONSE A QUELQUES PASSAGES DES DISCOURS QU'ILS ONT
PRONONCÉS

SUR LA TRAITE DES NOIRS,

DANS LA SÉANCE DU 27 JUIN 1821.

A PARIS,

CHEZ LADVOCAT, LIBRAIRE, PALAIS-ROYAL,
GALERIE DE BOIS, n° 195.

1821.

LETTRE

A MESSIEURS

BENJAMIN CONSTANT ET MANUEL,

MEMBRES DE LA CHAMBRE DES DÉPUTÉS.

———

Messieurs,

Dans les Discours que vous avez prononcés à la Chambre des Députés le 27 de ce mois, vous vous êtes plaints des infractions au traité qui abolit le commerce extérieur des esclaves; vous avez réclamé une législation plus rigoureuse pour que nos engagemens avec l'étranger fussent plus fidèlement remplis, et pour concilier en même temps les intérêts de nos colonies avec les intérêts de l'humanité. Mieux informés de l'état de ces colonies, vous auriez peut-être donné un autre tour à la discussion; me permettrez-vous de répandre quelques éclaircissemens sur une question qui occupe depuis long-temps les meilleurs esprits et les plus fervens apôtres de la philanthropie, expression que je n'ai point la pensée d'employer en mauvaise part? Peut-être cette question du commerce des esclaves n'a-t-elle pas été envisagée du point de vue duquel on aurait pu l'examiner, puisqu'elle a toujours été discutée en l'absence de ceux qui y sont le plus particulièrement intéressés, et sans que l'on eût une connaissance bien exacte du terrain sur lequel on se serait engagé.

Il semblerait, à entendre certaines personnes, que l'Européen transplanté sous la zone torride ferme son cœur à la pitié, pour n'exercer qu'avec barbarie des droits que la nature ne lui a point accordés; on ne voit dans le maître qu'un tyran, dans l'esclave qu'une victime de la cupidité. Ce qu'il y a de plus étrange est d'en vouloir au colon lui-même, qui subit aujourd'hui la peine d'un délit que pendant plus de deux siècles on l'avait encouragé à commettre. Vous n'êtes point, messieurs, du nombre des personnes qui se jettent dans ces vagues et imprudentes accusations, et vous savez fort bien que là où l'esclavage existe, l'homme le plus humain achète un esclave avec la même tranquillité de conscience que pouvaient le faire Aristide et Caton, l'un achetant des Scythes, et l'autre achetant des Africains.

Vous avez reconnu l'impérieuse nécessité de maintenir l'esclavage dans nos colonies; mais en discutant la question de la traite, ne craindrez-vous pas d'avoir franchi le but que vous vous proposiez? Pour moi je le crains, quelque justice que j'aime à rendre aux sentimens d'humanité qui vous ont inspirés, et sans vouloir plus que vous pallier un mal dont je cherche également la guérison. Récemment arrivé des colonies orientales, de l'île de Bourbon, où j'ai fait un séjour de plusieurs années, il m'est aisé de vous donner les détails et les explications dont vous auriez été privés; je vous ramènerai dans la colonie, parce que sur une matière aussi délicate que celle de la traite et de l'esclavage, ce n'est point à quatre mille lieues du volcan de Bourbon qu'il doit nous être permis de raisonner.

La philanthropie n'a pas été le seul motif de la disposition du traité qui abolit le commerce extérieur des esclaves, et je doute fort que la convention générale faite entre les princes d'Europe soit de la part de tous les contractans *en faveur de la miséricorde et de la pitié* (1). Personne n'aurait-il eu la pensée de faire dé-

---

(1) Montesquieu, *Esprit des Lois.*

chirer le sein du colon par les mains qu'on avait ajoutées aux siennes ; ou est-il bien vrai que l'on se soit sérieusement inquiété du sort des Africains ? Celui qui a vu les colonies peut aisément résoudre la question.

L'humanité souffre beaucoup plus de la défense que de l'autorisation de faire la traite ; en réclamant contre les infractions à la loi d'abolition, vous avez signalé vous-mêmes une partie des maux qui sont l'effet d'un commerce frauduleux. Que l'on ne reproche point à l'habitant des colonies d'être la cause volontaire des outrages faits à l'humanité : c'est au moment où l'on a supprimé la traite que l'on a augmenté les charges des colonies, dont les produits devaient diminuer par le retranchement des bras en usage pour les cultiver. On n'a pas considéré davantage que les colons, particulièrement ceux de Bourbon, avaient de grands engagemens à remplir : il a fallu à tous risques se procurer des esclaves pour subvenir aux nouveaux impôts, pour s'acquitter envers ses créanciers par l'accroissement des sucreries, qui fournissent aux débiteurs les moyens de se libérer, et enfin satisfaire aux réquisitions dont les noirs ont été frappés pour les travaux entrepris par le gouvernement.

Dans cette lutte de l'intérêt des habitans contre l'administration chargée de l'exécution des traités, cette dernière n'est point demeurée en deçà de la loi; elle a presque toujours été au-delà : je serais loin d'envier les éloges qu'un commandant de l'île de Bourbon aurait obtenus de l'association africaine; et cependant je ne me sens pas moins d'entrailles que lui pour la défense de la véritable humanité. On a prétendu que les juges ordinaires ne déployaient point assez de rigueur contre le commerce des esclaves; l'on a établi un conseil de révision pour les jugemens rendus sur cette matière en première instance; il est composé en partie d'employés du gouvernement; le reproche d'indulgence ne s'adresse point au commis transformé en juge, lorsque l'œil du maître ou du gouverneur qui préside exprime quelque sévérité.

Notre législation n'inflige point de peine afflictive à celui qui fait le commerce des esclaves; j'ai vu de mes propres yeux des prévenus de fraude conduits à la maison d'arrêt, tandis que le jugement le plus sévère ne pouvait porter atteinte à leur liberté. Il est vrai qu'à l'Ile-de-France la législation anglaise nous donnait l'exemple d'une plus grande rigueur; à l'aide de la force armée, on y a poussé jus-

que dans l'intérieur des terres la recherche de
noirs débarqués en fraude, qui avaient échappé
à l'œil de la douane au moment de leur intro-
duction. Ces perquisitions imprudentes ne
sont-elles pas comme des traînées de poudre
qui se ramifient sur le sol de la colonie? Ne se
serait-il commis aucune imprudence de ce
genre dans notre établissement de Bourbon?
A l'Ile-de-France, des esclaves ont été appelés
en témoignage contre leurs maîtres; ils les
ont dénoncés pour avoir accueilli des noirs
nouveaux sur leur habitation; aussi est-ce à
l'Ile-de-France que l'on a déjà surpris des esclaves avec des torches à la main. L'Anglais
chef provisoire de cette colonie pendant l'absence du gouverneur M. Farqhuar, a trahi sa
haine contre les anciens Français qu'il a gou-
vernés; l'esclave rendu provocateur ou témoin
de la peine infligée à ces blancs qui lui ont
amené de nouveaux compagnons, sans doute
n'est pas éloigné du moment de se révolter.
Mieux vaudrait abandonner les colonies à
elles-mêmes, ou ordonner l'affranchissement
général, que d'exciter sourdement ou impru-
demment à la rébellion contre un maître qui
ne pourra plus s'échapper. Si c'est un parti
pris, que l'on arme des flottes, que l'on mul-

tiplie les croisières ; mais une fois que l'esclave aura touché le sol de la colonie, ne pré-
tendez plus aucun droit sur lui : attenter à
l'esclavage est plus dangereux encore que d'attenter à la liberté : un mal ne se peut guérir
par un plus grand mal ; en prononçant sur
une question, n'en décidons point une autre;
que le régime intérieur de nos établissemens
ne soit pas troublé par le régime extérieur ; si
l'on interdit la traite au dehors, qu'elle ne soit
pas nécessaire au dedans. Vous voulez, messieurs, une législation plus rigoureuse, la législation des Anglais ; vous voyez quels en sont
les effets à l'Ile-de-France, dans cette malheu-
reuse colonie qui implore la France, et qu'a-
près toutes ses calamités, des mesures pareilles
à celles qui ont été prises pourraient pousser
au désespoir. Jamais on ne me fera croire que
la législation adoptée à l'Ile-de-France soit la
législation de l'humanité : si des noirs ont été
saisis par le gouvernement de cette colonie,
ce n'a jamais été pour les rendre à la liberté :
sous prétexte de les former aux arts de la civi-
lisation, on les concède pour quatorze ans à
des habitans, et surtout à des officiers favo-
risés de l'administration. Les Anglais, ceux
même qui descendent des bancs du parlement,

sont bien autrement rigides que nous envers leurs esclaves, ou envers leurs engagés, qui ne sont pas autre chose que des esclaves : ce sera un miracle s'il en reste au bout de quatorze ans. A Bourbon, le gouvernement, que du reste je blâme à cet égard, fait sa propriété des esclaves qu'il saisit; plus intéressé à leur conservation, il est plus humain, quoiqu'il ne se couvre point du voile de l'humanité. Vous dites qu'une loi plus rigoureuse nous forcera à devenir meilleurs, à mieux traiter nos esclaves: aurons-nous le temps et surtout les moyens de nous améliorer, puisque l'on précipite le danger sur nous, et qu'on ne laisse aux colonies ni avenir, ni espérance pour leur avenir ?

Qu'arrive-t-il ? car il n'est pas douteux que les paroles échappées de la tribune n'aient déjà porté le trouble dans nos colonies. On se hâte de tirer parti d'une propriété incertaine; on n'aspire qu'à retourner en France, avec tout ce qu'il est possible d'enlever à l'avenir. Ne croyez pas que de cette manière le sort des esclaves doive s'améliorer : fussent-ils un jour les maîtres à l'île de Bourbon, les blancs ne fussent-ils pas à épargner, la terre qui suffit aujourd'hui à une population laborieuse s'épuiserait, deviendrait trop petite et trop pauvre pour soixante ou quatre-vingt mille affranchis paresseux : Saint-Domingue, qui a un vaste territoire, sous aucun rapport ne peut nous être comparé.

Le motif d'humanité qui vous a pressés, vous a fait juger les colonies sans les entendre, car elles sont complices du crime dont vous réclamez le prompt châtiment ; l'effet en sera commun pour l'acheteur non moins que pour le vendeur. Le ministre, quelle que soit sa bienveillance, est dans une position difficile pour nous défendre, parce que l'administration de nos établissemens peut avoir fait des fautes que ce n'est point à lui de publier. Nous n'avons point d'organe dans la Chambre des Députés ; nous refuserez-vous jusqu'au défenseur que l'on accorde aux plus grands criminels ? Quand vous nous aurez entendus, nous vous semblerons peut-être moins coupables ; peut-être, en plaidant notre cause, vous indiquerons-nous mieux que personne et la raison du mal, et le remède qu'il convient d'y appliquer. Le colon qui achète des noirs de traite serait-il plus méchant que l'Européen ? Par un effet extraordinaire, la pitié frapperait-elle plus vivement au cœur du Français qui est à quatre mille lieues du mal, qu'elle ne frappe au cœur de celui qui en a continuellement le tableau sous les yeux?

Je vous ai déjà dit qu'on avait augmenté nos charges au moment où l'on avait diminué notre force : l'île de Bourbon, à laquelle je m'attache, ne voulant parler que de ce qui m'est parfaitement connu, l'île de Bourbon, qui ne figure point au budget d'une manière onéreuse pour la France, suffit elle seule aux dépenses de son régime intérieur et de son régime extérieur; ses impôts sont quintuples de ce qu'ils étaient autrefois; ils emportent du cinquième au quart de nos revenus. Les anciens gouvernemens ont encouragé la traite, les gouvernemens d'aujourd'hui ne nous doivent-ils aucun secours, aucune indemnité, pour suppléer aux forces qu'ils jugent à propos de nous retirer? Dans nos colonies, le nombre des femmes esclaves est beaucoup moins considérable que celui des hommes; indépendamment des autres causes, celle-ci est la principale qui empêche la population de se reproduire dans les proportions ordinaires; avant d'abolir la traite, le gouvernement anglais avait encouragé l'importation des femmes dans sa colonie de la Jamaïque; c'est une précaution que n'ont pas eue les Français.

Notre gouvernement des colonies orientales ne me semble pas s'être assez occupé de la multiplication des esclaves par les naissances, ce qui eût prouvé le désir d'améliorer leur état. Nous avons à Bourbon des habitations où les naissances compensent les mortalités; les noirs y multiplient de la sorte, parce que c'est là qu'ils sont le mieux traités; mais aussi leur travail ne rapporte au propriétaire que le tiers ou la moitié de l'intérêt que devrait lui donner son capital. Un déclamateur nous reprocherait notre avarice; nous raisonnons, et ce n'est point à des philanthropes doléans que je m'adresse en ce moment.

On avait fait venir des Chinois à l'Ile-de-France, dans l'espoir que cette espèce d'hommes, sobre, laborieuse, et volontairement engagée au service des colons, suppléerait avantageusement à l'emploi des Africains : le genre et l'étendue de nos cultures coloniales, la prétendue honte qu'il y a pour le blanc, pour le libre, de joindre ses bras aux bras d'un noir, d'un esclave, ont bientôt fait reconnaître qu'on s'était abusé. Récemment à Bourbon, le gouvernement a proposé de remplacer les noirs de traite en engageant des sujets des princes de Madagascar, ressource incertaine pour l'avenir, moyen impraticable d'ailleurs, et qui, comparé avec la traite même frauduleuse, n'est pas moins onéreux pour le cultivateur. Les noirs libres ou esclaves accordés pour un temps à un habitant, seront assurément moins ménagés que ceux qui sont sa propriété : je l'ai fait observer pour les esclaves saisis que le gouvernement de l'Ile-de-France accorde en concession de quatorze ans. On voit, d'après ces essais infructueux, que jusqu'à ce moment l'on a fait peu de chose pour contrebalancer l'intérêt des colons par un intérêt plus puissant. Il y a un calcul facile à faire : le négrillon créole de quatorze à quinze ans coûte presque une fois plus au maître que le négrillon de traite du même âge; du jour de sa naissance l'impôt s'en est saisi; on le regarde plutôt comme une charge que comme un accroissement de la propriété. Si par la vigilance et par la rigueur de nos gardes l'on parvient à élever le noir de traite au même prix que le jeune créole d'habitation, les revenus ne seront plus en proportion du capital; la colonie paie les gendarmes employés à la prohibition de la traite : il en faudra un plus grand nombre qui nécessiteront un impôt encore plus considérable. C'est en faveur de l'humanité que cette matière ne doit être considérée que comme un objet de spéculation et d'intérêt. L'exemple du châtiment ne corrigera pas; il ne fera que répandre le trouble dans la société : aux îles de France et de Bourbon il y a un quart de blancs contre les trois quarts d'esclaves; la lutte y sera plus égale qu'à Saint-Domingue, où il n'y avait que trente mille blancs contre sept cent mille noirs. Le résultat n'en sera que plus affreux; est-il possible d'y penser sans en être épouvanté?

Vous voyez que nous sommes au bord du précipice, et qu'une imprudence suffit pour nous y pousser, pour nous y engloutir ainsi que tous les malheureux que nous entraînerons avec nous. Cessez, je vous en conjure, de réclamer des mesures plus sévères pour l'abolition du commerce des noirs. Prohiber la traite n'est point la véritable question; la rendre inutile est le seul problème qu'aient à résoudre la prudence et l'humanité. Veuillez vous informer du régime intérieur de nos colonies, de l'esprit de leurs institutions, du caractère de leurs habitans : on s'égare quelquefois avec les meilleures intentions; c'est ainsi que l'on a fait, pour nos établissemens, plusieurs lois tout-à-fait contraires au but que l'on s'était proposé, parce que nos colonies sont presque toujours demeurées étrangères à leur propre administration. Louis xiv avait fait une ordonnance qui accordait la liberté à la négresse mère d'un certain nombre d'enfans vivans ; comme les enfans au-dessous de sept ans ne peuvent être séparés de la mère, c'était une charge pour le maître de voir la population s'accroître à ses frais sur son habitation, puisque cet accroissement ne devait point tourner à son profit.

Aujourd'hui, en prohibant la traite sans y substituer une autre force, le gouvernement a été obligé de restreindre la faculté d'affranchir dans l'intérêt du cultivateur et dans le sien propre, pour ne point réduire le produit de la capitation. C'est surtout dans l'intérêt de la société qu'il a fallu rendre l'affranchissement plus difficile. A l'île de Bourbon, on a provisoirement suspendu tous les actes de manumission qui auraient été sollicités du gouvernement.

L'esclave une fois affranchi ne connaît plus le travail ; il devient maître plus rigoureux que les blancs ne le sont d'ordinaire ; il a promptement dissipé le fonds destiné à sa subsistance ; il retombe à la charge des bureaux de bienfaisance, qui semblent uniquement dotés pour venir au secours des mauvais sujets. On peut néanmoins citer des *libres* (c'est le nom qu'on donne aux affranchis), qui par leurs talens et leur conduite ont fait presque oublier le préjugé qu'on attache malgré soi à la différence de couleur.

Dans les colonies plus qu'ailleurs, le travail ou la propriété est la plus sûre garantie du bon ordre : que ne doit-on pas craindre de celui qui n'ayant rien est déjà le complice de l'esclave qui a dérobé? Je ne suppose pas cependant que l'on veuille retirer la faculté d'affranchir; cela serait aussi injuste que rigoureux. Il est probable que l'on projette un règlement pour concilier le bon ordre, la justice et l'humanité. Il m'a toujours semblé qu'il devrait y avoir un état intermédiaire pour passer de la servitude à la liberté. L'esclavage imprime une flétrissure qui n'est point l'effet du crime ou du châtiment, mais le résultat certain et naturel de cette condition. Si l'on fait aisément un esclave, il est beaucoup plus difficile de faire un homme libre, je veux dire digne de la liberté.

Pourquoi l'esclave est-il paresseux? C'est parce qu'il est esclave. Pourquoi continue-t-il d'être paresseux lors qu'il est affranchi ? C'est à cause de l'exemple, et qu'ayant été esclave pour travailler, il ne peut plus voir dans le travail qu'un ennemi de sa liberté. Le blanc qui veut récompenser un bon noir ne l'affranchit pas toujours ; il aime mieux en faire une espèce de petit fermier sur un terrain que celui-ci doit cultiver lui-même. Les esclaves qui de cette manière ont connu le bien-être que peut donner le travail, sont presque toujours les plus laborieux affranchis ; ils ont pu se doter au moyen de leur pécule, et même payer le prix de leur liberté. J'ai parlé d'une graduation à établir entre la servitude et la manumission définitive : il y aurait à ce sujet beaucoup de développemens à donner ; veuillez seulement remarquer qu'il y a une expérience dont on pourra profiter. Ces détails sont peut-être indifférens pour des Européens ; mais puisqu'ils s'occupent de nos colonies, qu'ils considèrent que c'est de leur régime intérieur que dépendent l'avenir et la conservation de nos établissemens.

Les affranchis, d'après nos constitutions, sont placés au même rang que les citoyens ; la justice les protége particulièrement, quoiqu'ils ne jouissent guère que des droits civils, sans être généralement admis aux principaux droits politiques, si toutefois nous en avons de bien reconnus. Il est difficile, je dirais même impossible, de voir aujourd'hui son égal dans celui qui se trouvait hier votre esclave. L'homme n'a point reconquis par la simple manumission son caractère et sa dignité; la marque de la chaîne qu'il a portée se montre quelquefois jusque dans sa postérité. La classe des affranchis ne se compose guère que d'enfans naturels nés d'esclaves, ou d'autres affranchis : la religion n'est pas assez puissante pour les déterminer au mariage. L'état dans lequel ils vivent leur donnant peu d'inquiétude pour l'avenir, ils ne s'occupent pas du soin de laisser un héritage à des enfans dont la paternité est le plus souvent fort incertaine. *Notre liberté ne vaut rien ;* mais pour la rendre désirable, il suffit que le citoyen des colonies ait des droits incontestablement établis. Dans les constitutions promises à nos établissemens, lorsque l'on classera leurs différentes espèces d'habitans, sans crainte de sembler avare de liberté, on pourra distinguer les citoyens des affranchis, en exigeant, pour que ceux-ci parviennent dans la première classe, qu'ils aient une propriété,

un état ; surtout, qu'ils soient issus d'un légi-
time mariage, à moins que leurs services ou
leurconduite ne corrigent ce que leur naissance aurait d'irrégulier (1).

Ces explications feront connaître ce qui
dans nos colonies peut être favorable ou contraire aux desseins d'une prudente humanité.
Aurons-nous besoin de forcer le maître à
mieux traiter ses esclaves, si nous pouvons
sans violence l'amener au même résultat ?
L'enfant qui vient de naître est dévoré par le
fisc ; demandons qu'il soit épargné, qu'il ne
soit qu'à l'âge de quinze ans frappé par la con-
tribution ; sollicitons en outre une prime en
dégrèvement d'impôts en faveur du propriétaire qui conserve un enfant sur son habitation ; ne disposons point du bien d'autrui
en accordant la liberté à la mère d'un certain
nombre d'enfans ; mais que toute mère d'en-

---

(1) M. Malouet, dans son ouvrage sur *l'Administration des Colonies*, parle aussi de la nécessité d'un état
intermédiaire entre l'esclavage et la liberté : il voudrait
que l'affranchi ne fût pas citoyen tant qu'il y aurait trop
d'affinité entre lui et l'esclave ; cela n'est pas assez posi-
tif : un état, une propriété, la condition de père ou de
fils de famille, sont pour l'admission dans la société des
titres qui n'ont rien d'incertain.

fans vivans soit encore dispensée de la contri-
bution : ce seront des capitaux avantageusement placés pour l'avenir ; le jeune créole
d'habitation ne coûtera pas plus cher que l'enfant de traite. J'ai calculé que ces encourage-
mens ne diminueraient pas de beaucoup la
masse des impôts qui pèsent sur notre colonie
de Bourbon. Le ministre de la marine a or-
donné de réduire la capitation sur les esclaves ; c'est une faveur dont l'effet n'est pas aussi
grand qu'on pourrait le désirer, parce qu'elle
se répand indistinctement sur tous les indi-
vidus. Il n'y a point d'émulation là où il n'y
a point d'encouragement, d'intérêt particulier
à faire le bien (1).

Comme vous le voyez, il est facile d'inté-
resser le maître à l'amélioration du sort de
son esclave. Les liens du mariage, que recom-
mandent vainement les missionnaires, seront
formés entre les noirs par le maître lui-même,

____

(1) On m'a dit qu'il serait difficile de connaître exac-
tement l'état civil des esclaves : des administrateurs éclai-
rés ont tenté d'établir les distinctions que j'ai indiquées ;
ils y ont renoncé, parce que la colonie manque d'une
bonne administration intérieure et municipale, qui seule
pourrait dans son intérêt vérifier soigneusement les re-
censemens de la population.

qui tiendra au bon ordre comme au bien-être, comme à l'accroissement des esclaves de son habitation. Nous aurons des sujets préparés à l'affranchissement ; en intéressant à son tour l'affranchi au travail, il n'y aura plus d'inconvénient à multiplier les libertés. C'est ainsi que nous parviendrons sans secousse au perfectionnement de la société. Toutes les forces de l'administration , toutes les vues de la métropole, doivent tendre vers cette amélioration ; les lois qui répriment la traite n'auront point à sortir de la borne qu'on leur a tracée ; elles seront suffisantes quand elles seront en harmonie avec le régime intérieur de nos établissemens.

C'est de ce régime intérieur que je me suis particulièrement occupé ; toutes les fois que les colons ont été appelés à délibérer auprès de leur gouvernement, ils ont su mieux qu'un administrateur isolé concilier leurs intérêts avec ceux de l'humanité. Le décret du 8 mars 1790 avait accordé aux colonies le droit de se donner des constitutions *appropriées* à leur état politique ; les îles de France et de Bourbon se montrèrent dignes d'un aussi grand bienfait ; on ne sait ce que l'on doit le plus admirer du patriotisme, de l'énergie contre l'ennemi du dehors, ou de l'union constante de leurs habitans pour étouffer dans leurs foyers les principes destructeurs que l'on tenta d'y propager ; le gouverneur eût été forcé de recevoir, d'exécuter l'ordre insensé de la métropole ; il n'y eut dans l'assemblée coloniale qu'un mouvement, qu'un élan, pour rendre à la mer les incendiaires qu'elle avait jetés sur nos rivages. Saint-Domingue était consumé, tandis que nos colonies d'Orient s'élevaient par leur courage et leur prudence au plus haut degré de leur prospérité ; les colons eux-mêmes arrachèrent de leur code les lois outrageantes pour l'humanité (1).

Il est naturel que les colons soient pour leurs esclaves meilleurs que l'administration ; ces esclaves étant la propriété du père de famille, c'est aux pères de famille à prendre les mesures les plus efficaces pour la conservation et l'amélioration de leur propriété. Le

____

(1) Ce sont les assemblées coloniales de Bourbon et de l'Ile-de-France qui ont abrogé l'ordonnance par laquelle le noir en fuite pour la troisième fois était condamné à avoir le jarret coupé ; elles ont abrogé d'autres dispositions non moins contraires à leurs intérêts qu'à l'humanité. Dans un séjour de quatre années à l'île de Bourbon, je n'y ai pas vu une seule exécution.

gouvernement a promis à ses colonies des institutions en rapport avec celles de la France :
le malheur de la conquête ne nous fera que
plus vivement réclamer ces constitutions *appropriées* à nos besoins, afin de cicatriser plus
promptement les plaies dont nous aurions
encore à souffrir. M. le ministre de la marine
a entendu nos vœux; ce n'est pas moi qui
craindrai de lui dire les maux dont nous avons
à nous plaindre, ou les fautes de l'administration de nos colonies, lors même que l'expression de la vérité serait contraire à mes
propres intérêts. Tout me porte à croire qu'il
entrera dans les vues que j'expose et dans les
sentimens que je viens d'exprimer.

Il me semble que ces explications tendent
à rétablir l'harmonie entre les colonies et la
métropole. De part et d'autre nous devons à
présent nous comprendre. La question de la
traite et de l'esclavage ne doit point être une
affaire de parti. Ne sommes-nous pas d'accord
pour admettre que la loi qui encourage à bien
faire est préférable à la loi qui n'a que des
châtimens à infliger ? Quand vous remonterez
à la tribune pour parler de nos colonies, au
lieu de nous tracer le tableau des crimes commis pour enfreindre les traités, vous deman-

derez à M. le ministre de la marine ce qu'il a fait pour l'accroissement de la population esclave de nos établissemens ; vous lui demanderez quelle est la réduction des charges de l'agriculture et du commerce, quelle est la proportion de nos impôts avec nos revenus, afin de juger de notre intérêt personnel à la conservation des colonies. Le ministre vous répondra que les colons s'attachent à leur patrie, qu'ils y trouvent une entière protection, une entière sécurité, au lieu de vous dire qu'ils ne demandent qu'à déserter un sol mal assuré ; il vous fera connaître la progression des naissances parmi les esclaves d'après les états qui lui auront été fournis, le nombre des libertés accordées à des sujets dignes de ce bienfait, le nombre des mariages entre les affranchis, au lieu d'avoir à vous apporter pour sa justification la liste effrayante des condamnations portées, et par les tribunaux ordinaires qui suffisaient à la justice, et par ces tribunaux extraordinaires dont notre colonie demande instamment la suppression.

Sur ce rocher qui nous reste isolé dans la mer des Indes, ne doutez pas, messieurs, qu'il n'y ait, comme dans la métropole, des cœurs nobles et désintéressés, des amis sin-

cères de leur pays et de la véritable humanité ;
il n'existe point de partis à l'île de Bourbon ;
la distance, qui produit pour nous l'effet du
temps, nous y fait juger les événemens d'une
manière historique ; nous revendiquons tout
ce qui est glorieux pour la France ; nous re-
cueillons avidement tous les sentimens gé-
néreux exprimés dans les Chambres de la
nation ; nous ne parlons entre nous que de la
mère-patrie, et dans notre amour pour elle,
nous ne pouvons croire que la patrie mette en
question si elle doit nous conserver ou nous
abandonner.

Je suis avec une haute considération,

MESSIEURS ,

> Votre très-humble et très-
> obéissant serviteur,
> AUG^TE B..... D.

Paris, le 30 juin 1821.

DE L'IMPRIMERIE DE CRAPELET.